Fünf Klöße und eine Gans,
fünf Kilo im Gewicht,
das ist dem Thüringer sein
Leibgericht.

Volksmund

Inhalt

Die gute Thüringer Küche

Wer einmal "echt thüringisch" gegessen hat, wer in einem der zauberhaften Thüringer Gasthöfe einkehrte oder eingeladen war zu einer Thüringer Kirmes, der wird die herzliche Gastlichkeit und hervorragende Küche schätzen gelernt haben. Die Thüringer selbst schwören auf ihre traditionsreichen, wohlschmeckenden und bekömmlichen Gerichte. Raffiniert einfache, ländliche Alltagsgerichte und üppige, geschmacklich wahrhaft ausgefeilte Festtagsessen kennzeichnen die Thüringer Küche.

Und dazu die köstliche Kaffeetafel mit den Dutzenden von leckeren Kuchen!

Die Thüringerin Gudrun Dietze, Autorin von inzwischen zehn überaus erfolgreichen Back- und Kochbüchern zur Thüringer Regionalküche, hat für dieses Bändchen ganz typische Rezepte ausgewählt und gibt von der Suppe bis zum Gebäck einen appetitmachenden Einblick in die vortreffliche Thüringer Küche.

Alle Speisen sind vielfach erprobt, schmecken vorzüglich und gelingen sowohl der versierten Köchin wie dem weniger erfahrenen "Einsteiger".

Klöße, Rostbrätel und Thüringer

Bratwurst, die “Nationalspeisen”, fehlen ebensowenig wie Forelle, Lamm, Gemüsepfanne, Nudelsalat, Zupfkuchen und Butterplätzchen.
Kulinarische Traditionen, lebendig und zeitgemäß – probieren Sie die Rezepte einfach aus!

Verlag und Autorin wünschen guten Appetit!

Suppen
und Eintopfe

Bierfleisch

750 g Rindfleisch,
1 EL Butterschmalz,
1 EL Öl,
100 g Zwiebelwürfel,
2 Knoblauchzehen,
1 TL Kümmel,
1 TL Thymian,
1 EL Essig (5 %),
2 TL Salz,
Pfeffer aus der Mühle,
Zucker,
1 FL Köstritzer Schwarzbier,
2 große Möhren,
100 g Sellerie,
1 große Stange Porree,
3-4 Kartoffeln.

Fleischwürfel im zerlassenen Fett ringsum braun anbraten. Zwiebelwürfel und Knoblauch zugeben und etwas mit anrösten. Gewürze und Kräuter darüber streuen und das Bier zugeben. Zugedeckt 1 Stunde bei 175° C leise schmoren. Möhren- und Selleriescheiben, große Porreestücke und gewürfelte Kartoffeln zugeben und evtl. etwas Wasser. Alles noch ca. 30 Min. leise köcheln lassen.

Ein leckeres Löffelgemüse mit Fleisch und etwas weniger Brühe.

Blumenkohlsuppe

1 kleiner Blumenkohl,
1-1 1/2 l Geflügelbrühe,
50 g Butter,
2 leicht gehäufte EL Mehl,
1/4 l Milch,
2 Eigelb,
2 TL Kerbel,
Petersilie.

Blumenkohl in kleine Röschen zerteilen und kurz waschen. Dann in der heißen Fleischbrühe 5-6 Minuten kochen, Butter zerlassen, Mehl einrühren und mit kalter Milch allmählich verrühren. Dann noch etwas Fleischbrühe auffüllen, aufkochen lassen, unter Rühren in die Suppe gießen und noch einmal aufkochen. 1/4 Tasse von der Suppe etwas abkühlen lassen, die Eigelb unterrühren und in die vom Feuer genommene Suppe geben und flott unterrühren, nicht mehr kochen! Frischen oder getrockneten Kerbel einrühren und mit gehackter frischer Petersilie bestreuen.

Eine ganz feine, milde Suppe.

Soljanka

250-300 g Wurst- oder Fleischreste,
150 g kleine Zwiebelwürfel,
2 EL Öl, 3-4 EL Tomatenmark oder -ketchup,
1 l Fleischbrühe,
1 kleine saure Gurke oder Gewürzgurke,
1 rote Paprikaschote aus dem Glas,
evtl. 50 g rohes Sauerkraut,
2-3 TL Zitronensaft,
1 TL Paprikapulver, 1/2 TL Salz,
Pfeffer aus der Mühle,
1 TL Zucker,
4 Scheiben Zitrone,
4 EL saure Sahne.

Alle Arten von Schnittwurst in Scheiben, dann in schmale Streifen schneiden und mit den Zwiebelwürfeln in heißem Öl anbraten. Mit Tomatenmark ablöschen und Brühe aufgießen. Kleine Gurkenwürfel, Paprikastreifen und evtl. noch etwas ausgedrücktes rohes Sauerkraut zugeben, alles wenig köcheln lassen. Mit Zitronensaft, Paprikapulver, Salz, Pfeffer und Zucker schön würzig abschmecken. Heiß auf Teller oder in Schälchen geben, mit je 1 Zitronenscheibe und 1 EL saurer Sahne garnieren.

Gemüsetopf

500 g Rindfleisch (gutes Koch- oder Bratenfleisch),
30 g Margarine,
1 TL Salz, Pfeffer,
50 g Zwiebelwürfel,
1 1/2 l Knochenbrühe,
1 Lorbeerblatt,
3 Pimentkörner,
400 g Möhren,
400 g Kartoffeln,
100 g Sellerie, 300 g Porree,
30 g Butter,
2 EL gehackte Petersilie.

Fleisch in mundgerechte Stücke schneiden und in heißer Margarine ringsum braun braten. Salz,

Pfeffer und die Zwiebelwürfel zugeben. Alles braten, bis die Zwiebelwürfel glasig sind. 1/2 l Brühe und die Gewürze zugeben. 40 Min. kochen lassen. Gewürfelte Möhren, Kartoffeln, Sellerie und den in breite Streifen geschnittenen Porree zugeben. Die restliche Brühe aufgießen und zugedeckt bei kleiner Hitze 30-40 Minuten weichköcheln. Bei magerem Fleisch etwas gebräunte Butter über den Eintopf geben. Mit reichlich Petersilie bestreut servieren.

Chursdorfer Kartoffel-suppe mit Speck

600 g Kartoffeln,
300 g Möhren,
100-200 g Kohlrabi,
100 g Sellerie,
2 Sellerieblätter oder 1 EL ge-trocknetes,
gerebeltes Selleriekraut,
100 g Zwiebel, 20-25 g Salz,
3 Nelken, 6 Pfefferkörner,
4 Wacholderbeeren,
3 Pimentkörner,
1 Lorbeerblatt, 1 Spur Pfeffer,
1 geh. EL Majoran,
4 Bockwürste oder Wiener,
40 g Butter, 40 g Speck,
Petersilie.

Kartoffeln schälen und würfeln. Möhren, Kohlrabi und Sellerie putzen und in kleine Stücke schneiden. Gewürze zugeben. Alle Zutaten in reichlich 1 l Wasser ganz weichkochen und dann miteinander verquirlen, so daß eine nicht zu dünnflüssige Suppe entsteht. Nicht durch ein Sieb drücken und auch nicht cremig schlagen; an den kleinen Gemüsebröckchen muss man noch erkennen, dass die Suppe original zubereitet wurde und was alles darin ist. Die Gewürze in der Suppe lassen, aber möglichst fein zerdrücken. Die gewaschenen Würste in der Kartoffelsuppe heiß machen.

Die Butter in einem Tiegel zerlassen, den gewürfelten Speck darin ausbraten und beides über die Suppe geben. Gehackte Petersilie aufstreuen.

Spaltenkraut

300 g Räucherbauch,
1 Zwiebel, 1/2 l Fleischbrühe,
500 g Weißkraut, 1/2 TL Salz,
2 TL Kümmel,
300 g Kartoffeln,
1 EL Essig, Salz, Pfeffer.

Den Räucherbauch in Würfel schneiden und in einem breiten Topf ausbraten. Die geschälte, kleingehackte Zwiebel im austretenden Fett anrösten. Die Fleischbrühe aufgießen und 45 Minuten kochen lassen. Das Weißkraut vierteln oder achteln, den Strunk entfernen, Kraut in nicht zu feine Streifen schneiden. An die kochende Fleischbrühe geben, Salz und Kümmel zufügen und weitere 10 Minuten kochen lassen. Dann die geschälten, gewürfelten Kartoffeln und den Essig zugeben. Weitere 20 Minuten köcheln lassen. Mit Salz und frischgemahlenem Pfeffer abschmecken.

Ein schnell zubereiteter und schmackhafter Eintopf.

Salate

Schichtsalat

(ein Partysalat
für 10-12 Personen)

1 Glas geraspelter Sellerie-salat, 1 Dose Mais, 2 dünne Stangen Porree (150-200 g), 1 kleine Dose Ananas, 3 Äpfel, 5 hart gekochte Eier, 200 g Schnittkäse, 400-500 g gekochter Schinken, 1/2 Glas Salatcreme (ohne Kräuter), 1/2 Becher Schlagsahne oder Kaffeesahne.

In eine große Schüssel eine Schicht Sellerie, eine Schicht Mais, dann ganz fein geschnittene Porreeringe, kleingewürfelte

Äpfel, Ananas, Eier und Schnittkäse und in Streifen geschnittenen Schinken oder Schinkenwurst übereinander schichten. Salatcreme mit der Sahne verquirlen und darüber schütten. Alles vermischen und durchziehen lassen. (Manche vermischen den Salat nicht. Er zieht über Nacht durch und wird dann abgestochen.)

Ein wunderbarer Salat der Neuzeit; lieblich, erfrischend, mild und leicht für heiße Sommertage. Ein Rezept, das im Nu die Runde machte und in sämtlichen Gegenden Thüringens anzutreffen ist.

Endiviensalat

1 Kopf Salat, 2 EL saure Sahne,
je 1/4 TL Salz und Zucker,
1 EL Obstessig, etwas Paprika
und Pfeffer, 1 TL Butter,
50 g Zwiebelwürfel,
2 hartgekochte Eier,
Schnittlauch, Petersilie.

Salat waschen, in Streifen schneiden. Saure Sahne mit Gewürzen und fein geschnittenen Kräutern verquirlen und kurz vor dem Anrichten über den Salat geben. Zwiebelringe in Butter rösten, Eier grob schneiden und über dem Salat verteilen.

Heringssalat

1 Paket Matjesfilet (300 g),
2-3 Gewürzgurken,
1 Zwiebel (50 g),
Pfeffer aus der Mühle,
1-2 EL Öl.

Das Heringsfilet 1-2 Stunden in kaltes Wasser legen, dann in 1 cm große Würfel schneiden, Gurken ebenfalls würfeln, mit ganz fein gewürfelter Zwiebel und Pfeffer vermischen und Öl unterziehen.

Dieser Salat kann auch mit Salzheringen, die aber wesentlich mehr Arbeit machen, bereitet werden.

Nudelsalat

125 g Hörnchennudeln,
200 g gekochter Schinken oder
Fleischwurst,
100 g Gewürzgurken,
1 rote Parikaschote
aus dem Glas,
200 g TK Erbsen-
Möhren-Gemüse;
<u>Marinade:</u>
1 EL Salatcreme,
1 TL Senf, 1/2 TL Zucker,
1/2 TL Grillgewürz,
1 EL Zitronensaft,
1 EL Schmand, 1 EL Öl,
1 EL frische Kräuter
(Dill, Petersilie, Schnittlauch,
Kerbel).

Nudeln in 1 l Salzwasser (1 gestrichener EL Salz) weichkochen, abgießen und erkalten lassen. Gekochten Schinken oder Fleischwurst in Streifen schneiden, Gurke würfeln, Paprikaschote kleinschneiden und das Gemüse weichgedünstet und gut abgetropft dazugeben.

Für die Marinade alle anderen Zutaten verquirlen und unter den Salat heben. Durchziehen lassen und mit Salz, Pfeffer und Zucker abschmecken.

Ein bunter, würziger Nudelsalat nach bekannter Art.

Sauerkrautsalat

250 g rohes Sauerkraut,
1/2 Apfel (75 g),
1/2 Möhre (75 g),
1/2 Zwiebel (25 g),
1/2 TL Salz, 1/2 TL Zucker,
Pfeffer aus der Mühle, 1 EL Öl.

Das Sauerkraut etwas ausdrücken. Dann das Kraut ein wenig zerschneiden, so dass es nicht mehr filzt. Apfel und Möhre grob raspeln und die ganz klein gewürfelte Zwiebel zugeben. Salz, Zucker und Pfeffer darüber streuen, das Öl darüber träufeln und alles mit zwei Gabeln untereinander mischen.

Gemüse
als Beilage oder Hauptgericht

Überbackener Blumenkohl

1 Blumenkohl (0,75-1 kg),
1 EL Butter, 2 Eigelb,
1 EL Mehl, 1/4 l Gemüsewasser,
Muskat, 50 g geriebener
Hartkäse, 1 geh. EL
Semmelmehl, 50 g Butter.

Blumenkohl in Salzwasser nicht zu weich kochen (4-5 Minuten). Weiche Butter in einem kleinen Topf mit den Eigelben verrühren, auf die Herdplatte stellen und nach und nach das Gemüsewasser unterrühren, bis es dicklich wird (nicht kochen). Blumenkohlröschen gut abgetropft in einen breiten Topf oder eine gut gefettete Auflaufform schichten. Die Soße, mit Muskat abgeschmeckt, darüber gießen. Das mit dem Käse gemischte Semmelmehl darüber streuen und die Butter zerlassen oder in Flöckchen darüber geben. Im heißen Ofen ca. 15-20 Minuten bei 150-175° C dunkelgelb backen.

Als wohlschmeckende, sättigende Mahlzeit sehr zu empfehlen. Kartoffeln und Fleisch sind überflüssig.

Porreegemüse

400 g gesäuberter Porree,
$1/4$ l Wasser,
1 leicht geh. TL Salz,
1 TL Zucker,
2 TL Zitronensaft,
2 geh. TL Schmand, 1 Eigelb,
2 geh. TL Butter,
1 geh. TL Mehl.

Porree in 5 cm lange Stücke schneiden und im kochenden Wasser mit Salz, Zucker und Zitronensaft gewürzt in 15-20 Minuten weich kochen. 1 Tasse Gemüsewasser beiseite stellen, dann abgießen. Schmand mit Eigelb, Butter, Mehl und dem

Gemüsewasser verquirlen und auf der heißen Herdplatte dickrühren. Soße über den Porree gießen.

Schmeckt sehr gut zu Kartoffeln und Kurzgebratenem.

Topinambur oder "Erdbirnen"

650 g Erdbirnen, Salz, Pfeffer, 1/4 l Fleischbrühe, 1 Semmel, 1 TL Butter.

Die Erdbirnen in soviel Salzwasser, dass sie davon bedeckt sind, weichkochen, ca. 5-10 Minuten. Danach schälen. Die geschälten Erdbirnen in Scheiben schneiden und in eine Schüssel geben. Mit reichlich frisch gemahlenem Pfeffer würzen. Die Fleischbrühe kochend heiß darüber gießen. Semmel in Würfel schneiden. Butter in einem Tiegel erhitzen und die Semmelwürfel darin goldgelb braten. Die Semmelröstel über die Erdbirnen streuen; sie geben dem Gericht die "Bindung".

Ein ganz altes Rezept, für Kenner der Thüringer Küche. Topinambur findet man noch in Bauerngärten. Die rohen Knollen schmecken süßlich.

Stangenspargel mit Soße

1 kg Spargel, 1 TL Salz,
$1/2$ TL Zucker
Soße: 2 Eigelb, 2 EL saure Sahne oder Schmand,
2 geh. EL Mehl, 1 TL Zucker,
$1/4$ l Spargelkochwasser, Salz,
1 TL Zitronensaft, Muskat,
2 TL Butter.

Den Spargel waschen. Am Spargelkopf beginnend mit scharfem Messer dünn schälen, dabei nach unten hin stärker schälen, um alles Holzige zu entfernen. Die Spargelstangen zu je 6 bündeln, die Bündel mit festem Zwirn oben und unten zu-

sammenbinden. In einer länglichen Pfanne Salzwasser zum Kochen bringen. Die Spargelbündel hineinlegen und 1/2 TL Zucker zufügen. 20-25 Minuten kochen lassen. Den Spargel vorsichtig herausheben, auf eine vorgewärmte Platte legen, Faden entfernen und mit Spargelsoße übergießen.

Für die Spargelsoße die Eigelbe mit Schmand, Mehl, Zucker und Spargelkochwasser in einem hohen Topf verrühren. Unter ständigem Rühren kurz erhitzen und aufkochen lassen. Mit Zitronensaft und Muskat abschmecken. Zuletzt die zerlassene Butter unterrühren.

Spinat auf Thüringer Art

500 g Spinat (frischer oder TK),
30 g Butter, 30 g Zwiebel,
2 TL Mehl,
1/2 Tasse Fleischbrühe,
Salz, Pfeffer, Muskat,
1 Schuss süße Sahne,
50 g in Scheiben
geschnittener Speck,
8 Eier.

Den gut verlesenen frischen Spinat einige Male waschen und in einen Topf ohne Wasser geben. Was an den Blättern hängenbleibt, reicht. Kurz aufkochen lassen, damit der Spinat "zusammenfällt". Das Kochwasser abgießen. Den Spinat auf einem Holzbrett fein wiegen. Die Butter in einem Topf zerlassen, die geschälte gehackte Zwiebel zufügen und goldgelb braten, aber nicht braun werden lassen. Das Mehl darin anschwitzen lassen und mit der Fleischbrühe ablöschen. Den gewiegten frischen oder den gefrosteten, leicht angetauten Spinat hinzugeben, gut durchrühren und noch 10 Minuten leise köcheln lassen. Mit Salz, Pfeffer und einem Hauch Muskat abschmecken. Zur Verfeinerung einen Schuss süße Sahne zugeben.

Die Speckscheiben in einem großen Topf goldgelb braten und

die Eier darüber schlagen. Ist nur ein kleiner Tiegel vorhanden, die Speckmenge halbieren und zweimal je vier Eier braten. Dazu werden Salzkartoffeln serviert.

Ein wohlschmeckendes Gericht; früher wurde es oft am Gründonnerstag gereicht.

Schnelle Gerichte

Thüringer Kloßauflauf

250 g Bratwurst,
1 EL Margarine oder Öl,
1 Semmelkopf,
3 übriggebliebene Thüringer
Klöße, 1/2 l Milch, 4 Eier,
Salz, Majoran.

Bratwurst in Scheiben schneiden, im Fett leicht anbraten und in eine Auflaufform geben. Kleine Semmelwürfel und die in Scheiben geschnittenen Klöße darüber verteilen. Milch mit Eiern verquirlen, mit Salz und Majoran abschmecken und über den Auflauf gießen. Dazu schmeckt Rapunzelsalat.

Lachsnudeln

300 g gefrostetes Buttergemüse (Erbsen, Möhren, Blumenkohl), 125 ml Gemüse- oder Hühnerbrühe (1 TL Brühpulver), 2 EL Schmand oder Crème fraîche, 250 g Bandnudeln, 1 TL Salz, Worcestersoße, 400 g Räucherlachs.

Gefrostetes Gemüse mit Brühe in einer geschlossenen Deckelpfanne ca. 4-5 Minuten kochen lassen, bis die Brühe ziemlich verdampft ist. Schmand einrühren und die nach Vorschrift ge-

kochten Nudeln (in leichtem Salzwasser) mit einigen Tropfen Worcestersoße abschmecken. Die Folie von der Räucherlachs-packung entfernen und den Lachs gleich auf der Pappe in breite Streifen schneiden, dann in große Stücke zerteilen und sofort locker unter die Nudeln heben.

Einfach, schnell, aber sehr schmackhaft – so sind die Lachsnudeln seit erst wenigen Jahren in Mode gekommen.

Schnelles Nudelgericht

150 g Spirelli oder Bandnudeln,
1 Packung Pfannengemüse
Feinschmeckerart,
200 g Jagdwurst.

Pfannengemüse nach Vorschrift weich dünsten und mit den nach Vorschrift gekochten Nudeln (abgeschleimt und abgegossen) vermischen. Wurst in dicke Scheiben schneiden, ohne Fett beidseitig braun braten und zum Nudel-Gemüsegemisch servieren.

Ganz einfach, schnell und lecker.

Geflügelpfanne

400 g ausgelöstes Hähnchen
oder Putenschnitzel,
50 g Margarine,
50 g Zwiebeln,
1/2 TL Salz, Pfeffer,
1/4 l Hühnerbrühe
(1 TL Pulver),
1 TL Tomatenmark,
1 Becher Schlagsahne,
1 TL Paprikapulver,
2 Päckchen Pfannengemüse.

Das Geflügelfleisch in Würfel schneiden und in der heißen Margarine ringsum anbraten. Gewürfelte Zwiebel, Salz und Pfeffer zugeben. Braten, bis die

Zwiebel Farbe angenommen hat.

Mit der Hälfte Fleischbrühe ablöschen und Tomatenmark einrühren. Sahne und Paprika zugeben und schmoren, bis nur noch wenig bräunliche, dicke Soße übrig ist. Rest Brühe zugeben und beiseite stellen. Das Pfannengemüse in 5-6 Minuten bei starker Hitze braten, dann zum Fleisch geben und alles noch ca. 5 Minuten dünsten lassen.

Dazu passen Butternudeln.

Ein sahniges und würziges Schnellgericht.

Kartoffelpfanne

600 g Kartoffeln,
4 EL Öl, 1 TL Salz,
Pfeffer aus der Mühle,
1-2 TL Majoran,
1 kleiner Apfel,
2 Zwiebeln,
300 g Feinfrosterbsen,
1 Stück Hackbraten
oder Kochschinken (350 g).

Die geschälten, rohen Kartoffeln in nicht zu große Würfel schneiden und in das erhitzte Öl, am besten in einer Antihaftpfanne, geben. In ca. 5 Minuten ringsum braun braten. Mit Salz, Pfeffer und Majoran würzen. Kleinge-

würfelte Äpfel und Zwiebel zugeben und unter Rühren nochmal alles 5 Minuten braten lassen. Zugedeckt 10 Minuten garen. Gefrostete Erbsen und in Streifen geschnittenen Hackbraten unterrühren und noch 10 Minuten ziehen lassen.
Dazu Rohkostsalat servieren.

Deftig, würzig, sättigend, gehört die Kartoffelpfanne zu den schnellsten Gerichten.

Lammfilet oder Lammscheiben mit Bohnengemüse

4 dicke, quer zur Faser geschnittene Scheiben Lammfilet oder -keule (500 g), 3-4 EL Öl, 1 TL Salz, Pfeffer aus der Mühle, 2 TL Rosmarinnadeln, 100 g Zwiebeln, 1 Knoblauchzehe, 1 EL Margarine, 100 g Schinkenspeck, 1/2 Zwiebel, 1/2 TL Gemüsebrühe, 1/4 Tasse heißes Wasser, 1 großes Glas Schnittbohnen, 1/4 TL Bohnenkraut.

Fleischscheiben von Fett und sehniger Haut befreien, klopfen und in heißes Öl legen. Mit Salz und Pfeffer bestreuen und beidseitig scharf anbraten. Rosmarin darüber streuen, grob gewürfelte Zwiebel und Knoblauch zugeben. 20-25 Minuten bei milder Hitze weichschmoren. In der heißen Margarine den gewürfelten Schinkenspeck ausbraten, gewürfelte Zwiebel zugeben und kurz mitrösten. Gemüsebrühe, Bohnen und Bohnenkraut zugeben und unter Rühren heiß werden lassen. Mit Salz und Pfeffer abschmecken.

Dazu passt dickes Kartoffelpüree.

Porreepfanne mit Fleischklößchen

1 $^{1}/_{2}$ kg Porree
(ergibt geputzt etwa 700 g),
400 g Gehacktes, reichlich Salz,
Pfeffer, Kümmel,
30 g Butter,
1 Möhre, 125 ml Brühe.

Den geputzten und gewaschenen Porree in 2-3 cm lange Stücke schneiden. Das Gehackte mit Salz, Pfeffer und Kümmel würzen, walnussgroße Klößchen formen und in der heißen Butter ringsum knusprig braun braten. Die Hälfte der Klößchen samt dem Bratfett in einen breiten Topf oder in eine feuerfeste Form geben. Darüber die Hälfte des Porrees verteilen. Dann wieder Gehackteskłößchen in den Topf oder die Form geben und als letzte Schicht den restlichen Porree. Eine geputzte und längs geviertelte Möhre sternförmig in die Mitte legen. Die Fleischbrühe aufgießen. Zugedeckt in ca. 30 Minuten garschmoren. Die Brühe soll am Schluss ziemlich verdunstet sein. Mit Salzkartoffeln ergänzen.

Eine schnelle, aber sehr schmackhafte und gesunde Mahlzeit.

Pilzgulasch

1 1/2 -2 kg geputzte,
frische Waldpilze,
80 g Speck, 60 g Butter,
150 g Zwiebeln,
125 ml Kaffeesahne,
1/4 l Milch, 1/4 TL Pfeffer,
1 1/2 -2 TL Salz.

Die geputzten, gewaschenen und geschnittenen Pilze in einen großen Topf geben und mit 1-2 EL heißem Wasser kurz aufwallen lassen, damit sie "zusammenfallen". Dauert ca. 2 Minuten. Vom Herd nehmen. In einem ausreichend großen Tiegel den kleingewürfelten Speck in der Butter ausbraten, aber nicht zu braun werden lassen. Die geschälten, gewürfelten Zwiebeln hinzufügen und kurz darin anrösten, dann die Pilze samt Pilzsaft hinzufügen. Unter Rühren so lange braten, bis die Pilze im Bratfett schmoren und richtig glänzen. Kaffeesahne und Milch verrühren und hinzugeben. Mit Pfeffer und Salz würzen. Weiterbraten, bis die Soße "eingebraten" und bräunlich ist. Dann sind auch die Pilze gut. Dazu gehören mittags Salzkartoffeln, dick mit frisch gewiegter Petersilie bestreut. Als Abendmahl wird dieses leckere Gericht einfach mit Brot gegessen.

Zigeunerbraten

4 Rostbrätel
(600 g Schweinekamm),
2 geh. TL Senf, 4 EL Öl,
Pfeffer aus der Mühle,
1 TL Salz, 100 g Zwiebelringe,
2 kleine Paprikaschoten
(gemischt),
2 Tomaten, 4 EL Schlagsahne,
2 EL Worcestersoße,
1 TL Senf, 1 TL Paprikapulver.

Fleischscheiben leicht klopfen und die Fetttränder einschneiden. Mit Senf bestrichen in sehr heißes Öl legen. Beidseitig 1-2 Minuten scharf braten, danach salzen und pfeffern und bei

geringer Hitze noch 3-4 Minuten fertigbraten. Das Fleisch aus der Pfanne nehmen, im Bratfett die Zwiebelringe glasig werden lassen. Nun Paprikastreifen und Tomatenscheiben (ohne Kerngehäuse) unterrühren und etwas weich schmoren. Die Sahne mit Salz, Pfeffer, Worcestersoße, Senf und Paprikapulver verquirlen, über das Gemüse gießen und etwas einschmoren lassen. Alles über den Rostbräteln verteilen – Bratkartoffeln oder Kartoffelsalat und grünen Salat dazu reichen.

Bröckelbulz

500 g gekochte und
geschälte Kartoffeln,
10 g Salz,
50 g Butter
oder Margarine.

Die Kartoffeln durch die Kartoffelquetsche pressen und mit dem Salz vermischen. Butter oder Margarine in einem großen Tiegel erhitzen und die Kartoffelmasse etwa 2-3 cm hoch in den Tiegel drücken. Im erhitzten Fett zuerst auf einer Seite schön goldbraun braten, dann vorsichtig wenden und auf der anderen Seite braten.

Hauptgerichte

Überkrustete Hammelrippchen

1,2 kg Rippchen,
2 TL Salz,
Pfeffer aus der Mühle,
1 Knoblauchzehe,
100 g Zwiebelwürfel,
3 Pimentkörner,
1/2 Lorbeerblatt,
1 TL Rosmarin,
75 g Reibekäse,
1 EL Semmelmehl.

Rippchen mit Salz und Pfeffer einreiben und im heißen Öl beidseitig kurz anbraten. Zwiebelwürfel mit Knoblauch goldgelb anrösten. 1/4 l Wasser, Pimentkörner und Lorbeerblatt zugeben und die Rippchen mit Rosmarin bestreuen. Zugedeckt bei 180-200° C 60-70 Minuten garen. Aufdecken und das Fleisch mit Semmelmehl-Käse-Gemisch bestreuen. In ca. 20 Minuten knusprig braun überbacken. (evtl. Grill einschalten). Dazu Salzkartoffeln und Kräuterbohnen reichen.

Schleizer Gulasch

500 g Rinderbraten,
500 g Schweinebraten,
100 g Margarine,
50 g Speck, 500 g Zwiebeln,
3 Tomaten,
1 Knoblauchzehe,
1/4 TL Pfeffer,
100 g saure Sahne,
1 geh. TL Salz,
2 EL Edelsüßpaprika.

Das Fleisch waschen, trockentupfen und in Würfel schneiden. In der erhitzten Margarine den kleingeschnittenen Speck ausbraten, die Fleischwürfel hinzufügen und schön braun braten. Zwiebeln und Knoblauchzehe schälen und kleinschneiden. Beides zum Gulasch geben und unter ständigem Rühren mitbraten lassen. Wenn die Zwiebel goldgelb geworden ist, die saure Sahne unterrühren. Unter ständigem Rühren weiter braten. Salz, Pfeffer und die geschälten, geviertelten Tomaten (mit kochendem Wasser brühen, dann lässt sich die Haut mühelos abziehen!) zugeben. Alles schmoren lassen, bis die Flüssigkeit fast verdunstet ist. Erst dann 1/4 l Wasser auffüllen, Paprika zufügen, gut umrühren und zugedeckt für 2 Stunden bei 150-175 ° C in die vorgeheizte

Herdröhre stellen. Dann die Röhre abschalten und das Gulasch noch 1/2 Stunde im Herd ruhen lassen. Evtl. noch etwas heißes Wasser zufügen, wenn der Bratsatz zu sehr eingeschmort ist. Diese Soße ist bereits durch die Zwiebel sämig geworden und braucht keine spezielle Bindung. Dazu Makkaroni oder Salzkartoffeln und grünen Salat reichen.

Dies ist ein oft erprobtes und sehr schmackhaftes Gericht aus der Schleizer Gegend.

Gebratene Forellen mit Kartoffelstampf

4 kleine Forellen,
Salz, Pfeffer, Zitronensaft,
4 Stengel Rosmarin,
2 EL Semmelmehl,
2 EL Mehl,
100 g Butter,
Sahnemeerrettich
(fertig kaufen oder 1 Tasse
Sahne und 75-100 g
geriebener Meerrettich),
Essig, Zucker, Salz.

Kartoffelstampf:
1 kg halbierte Kartoffeln,
1/4 l Milch, 1 TL Salz,
1-2 TL Butter.

Die ausgenommenen Forellen waschen, innen und außen mit Salz und Pfeffer einreiben, mit Zitronensaft beträufeln, in jeden Fischbauch längs einen Stengel Rosmarin legen. Die Forellen im Semmelmehl-Mehl-Gemisch wenden und in eine Bratpfanne legen, mit zerlassener Butter begießen und im Herd bei 225° C 20-25 Minuten braten lassen. Den Sahnemeerrettich extra reichen.

Für den Stampf die geschälten Kartoffeln in wenig Wasser weich dünsten. Das Wasser abgießen. Die Kartoffeln zu Brei stampfen. Die heiße Milch, Salz und Butter zugeben und zu

einem glatten Brei rühren. Dazu schmeckt Rapunzelsalat.

Stampf ist eine etwas altmodische Bezeichnung für Kartoffelpüree. Er darf nicht mit dem fast dünnflüssigen Thüringer Kartoffelbrei verwechselt werden.

Kräutersteaks in Rahmsoße

4 dicke Scheiben
Rinderlende (ca. 600 g),
3 EL Öl, 40 g Butter,
Salz, Pfeffer,
2 geh. TL Mehl,
100 ml Schlagsahne,
1/4 l Brühe, Zitronensaft.
<u>Kräutermasse:</u>
je 1 TL getrockneter Thymian
und Basilikum,
2-3 EL frische gehackte
Petersilie,
3 leicht geh. TL Semmelmehl,
1 große Knoblauchzehe,
1 TL Kräutersalz,
30 g Butter.

Kräuter mit Semmelmehl, zerdrücktem Knoblauch, Gewürzsalz und zerlassener Butter vermischen, die Masse beiseite stellen.

Fleischscheiben leicht klopfen, Fettränder entfernen oder nur einschneiden. Im heißen Öl-Butter-Gemisch je Seite 1 Minute rasch braten. Hitze stark reduzieren und die Steaks je Seite noch 3-4 Minuten weiter braten. Dabei öfter mit dem Bratfett beschöpfen. Mit Salz und Pfeffer bestreuen und aus der Pfanne nehmen. Im Bratfett die Zwiebelwürfel goldgelb rösten, Mehl darüber streuen und etwas bräunen. Sahne unterrühren und die

Fleischbrühe zugeben. Das Fleisch in diese feine Rahmsoße legen und mit der Kräutermasse bestreichen. In der Röhre bei 150-175° C aufgedeckt 15-20 Minuten weichgaren.

Die Kruste soll gleichzeitig knusprig werden – evtl. Grill einschalten und bei abgestellter Röhre nachgaren lassen. Soße mit Salz, Pfeffer und 1 Spritzer Zitronensaft abschmecken.

Salzkartoffeln und Blumenkohl dazu reichen.

Thüringer Rostbratwurst

mindestens 8 frische Rostbratwürste (in Thüringen meist mehr)

Die frischen, weichen Bratwürste in kaltem Wasser abspülen, die Enden dabei fest zudrehen. Auf den heißen Grill legen und knusprig braun braten. Dabei gelegentlich mit etwas Bier bespritzen (das meiste Bier trinkt der Brater!), mehrmals wenden. Mit Senf und Brot oder Kartoffelsalat servieren.

"Roster" sind so beliebt, dass man sie in Thüringen fast an jeder Straßenecke anbietet.

Rippenbraten in würziger Soße

1 1/4 kg Fleischrippchen,
2 TL Salz, Pfeffer aus der Mühle, 40 g Margarine,
3 TL Senf,
3 TL Tomatenketchup,
1/2 TL Paprika,
1 Knoblauchzehe, 1 Zwiebel,
2 Pimentkörner,
1/2 Lorbeerblatt,
1/2 TL Kümmel,
1 TL Speisestärke.

Die Rippchen salzen, pfeffern und in die heiße Margarine legen. Mit Senf und Ketchup bestreichen und so lange braten,

bis die Unterseite gebräunt ist. Umdrehen und mit Paprika bestreut weiterbraten. Die Rippchen aus der Pfanne nehmen. Den braunen Bratsatz mit 1/2 Tasse heißem Wasser ablöschen, mit Knoblauch und grob geschnittenen Zwiebelwürfeln etwas einschmoren lassen. Piment, Lorbeer und Kümmel zugeben. Die Rippchen wieder in die Pfanne legen, mit Wasser auffüllen, so dass sie fast bedeckt sind. Zugedeckt 1 1/2 Stunden bei 180-200° C garen. Zwischendurch 1-2mal heißes Wasser zugießen und den Bratsatz von den Rändern lösen. Die gebräunten Rippen umdrehen,

die Röhre abschalten und noch 20-30 Minuten aufgedeckt nachgaren lassen. Die wenige Soße mit Stärke binden.
Dazu passen Salzkartoffeln und Buttergemüse oder Sauerkraut.

Klöße

"Wer das Wort Thüringen hört, denkt zuerst an die Klöße!" Dabei gibt es das einmalige Originalrezept für Thüringer Klöße gar nicht. In jedem Ort werden sie anders zubereitet. Die Suhler "Hütes" unterscheiden sich schon von den Greizer Klößen. Meistens lernen die Töchter das Rezept von der Mutter. So werden Erfahrungen über Generationen weitergereicht.

Donnerstag und Sonntag waren von alters her Kloßtage. Dabei sind die echten Thüringer Klöße dem Sonntag und dem feinen Braten vorbehalten. Diese haben innen meist keine Semmelkrusteln.

Die anderen Kloßarten gibt es auch wochentags. Nachfolgend einige Rezepte:

Thüringer Klöße

(für ca. 10 Klöße)

2 kg rohe Kartoffeln,
2 TL Salz,
evtl. 1 EL Kartoffelmehl,
nach Belieben Semmelröstel von 1 Semmel,
1 TL Butter.

Kartoffeln schälen, 1/3 davon (700 g) in Stücke schneiden, mit 1/2 l Wasser kochen und mit dem Kartoffelstampfer zu Brei zerdrücken. Die restlichen Kartoffeln per Hand auf einem Reibeisen oder mit der Küchenmaschine reiben und die austretende Flüssigkeit abgießen. Den "Reibrich" gut ausdrücken. In eine Schüssel geben, auflockern, mit dem Salz vermischen und den kochendheißen Kartoffelbrei auf einmal oder in 2 Portionen darüber schütten. Mit dem Kloßstampfer gut mischen und verrühren, bis sich der Kloßteig von der Schüssel löst. Ist der Teig zu dünn geraten, noch 1 EL Kartoffelmehl zugeben. Klöße formen und in kochendes Salzwasser gleiten lassen. Wer will kann auch geröstete Semmelwürfel in die Kloßmitte geben. Die Klöße nur leise wallen lassen. Wenn sie "schwimmen" – also an die Wasseroberfläche gestiegen sind – , den Topf vom Herd nehmen und noch 10 Minuten ziehen lassen. Die Klöße dürfen nicht zu lange auf dem Herd bleiben, sonst zerkochen sie! – Mit Kloßweiß werden sie nicht grau.

Serviettenklöße

4 Semmeln (200 g), 2 Eier,
200 g griffiges Mehl,
1 TL Salz, 200 ml Milch,
50 g Margarine oder Butter,
1 TL Backpulver.

Die altbackenen Semmeln zuerst in Scheiben, dann in kleine Würfel schneiden und in eine Schüssel geben. Eier und die Hälfte des Mehls zugeben und alles mit einem Löffel gut vermischen, salzen. Die Milch leicht erwärmen und dabei die Margarine oder Butter darin schmelzen lassen. Die nur lauwarme Milch zum Semmelteig geben, unterrühren und 10 Minuten ruhen lassen. In dieser Zeit nehmen die Semmelwürfel die Feuchtigkeit auf. Danach das mit dem Backpulver gesiebte restliche Mehl unterkneten. Zwei längliche Klöße formen. In einem großen Topf Salzwasser zum Kochen bringen. Jeden Kloß einzeln auf ein bemehltes Wischtuch legen, die Zipfel oben zusammenknoten und den Serviettenkloß mit dem Tuch über einen Quirlstiel in kochendes Wasser hängen. Die Klöße 20-25 Minuten kochen und 10 Minuten ziehen lassen. In Scheiben geschnitten auf einer Platte anrichten.

Seidenklöße

(ca. 8-10 Stück)

1 kg gekochte Pellkartoffeln,
200 g Kartoffelmehl,
1 TL Salz, 1/4 l Milch,
1 TL Butter,
1-2 Semmeln.

Die warmen Kartoffeln pellen, durch die Kartoffelquetsche pressen, mit Kartoffelmehl und Salz vermischen. Diese Masse mit der kochendheißen Milch überbrühen und mittels Kloßstampfer zu einem Teig formen. Den Kloßteig dann mit der Hand weiter kneten, dabei die Hand immer wieder in kaltes Wasser

tauchen. In der Butter die in Würfel geschnittene Semmel rösten. 8-10 Klöße formen, in die Mitte die Semmelwürfel geben, in kochendes Salzwasser legen. 20 Minuten bei offenem Topf und geringer Hitze leise köcheln lassen.

Watteklöße

750 g gekochte Kartoffeln,
125 g Kartoffelstärke,
125 ml Milch,
1/2 TL Salz,
1 TL Butter,
1/2 Semmel in Würfel schneiden, rösten.

Frischgekochte Kartoffeln abgießen, in einer Schüssel zerstampfen, mit Salz und Stärke vermischen. Mit der Milch brühen und alles untereinander stampfen. Klöße formen, 2-4 Semmelröstel je Kloß hineingeben, im kochenden Wasser 15-20 Minuten ziehen lassen.

Kuchen
& Co.

Hefeteig für einen Kuchen

325-350 g Mehl, 50 g Zucker,
80 g Margarine,
1 Löffelspitze Salz,
1 TL abgeriebene Zitrone,
1 Ei, 75-100 ml Milch,
15-20 g Hefe.

Mehl in eine Schüssel sieben, weiche Margarine, Zucker, Salz, Ei, Zitronenschale und die in handwarmer Milch aufgelöste Hefe zugeben. Alles zu einem Teig verkneten. Zu einer Kugel formen, zugedeckt in der warmen Küche 45-60 Minuten gehen lassen, bevor der Teig weiter verarbeitet wird.

Rhabarberkuchen

Hefeteig für 1 Kuchen.
1,25 kg Rhabarberstücke,
250 g Zucker,
2 Päckchen Vanillepudding,
200 ml saure Sahne,
50 g Butter,
3 Eier, 75 g Butter,
Staubzucker.

Die Rhabarberstücke einzuckern und über Nacht stehen lassen. Saft mit saurer Sahne vermischt zu 500 ml auffüllen. Puddingpulver mit 200 ml Saft oder Wasser anrühren und alles zu einem festen Pudding kochen. Noch heiß die Butter, dann die

Eier flott unterrühren. Auf einen ausgerollten Hefeteig streichen, mit Rhabarberstücken belegen, backen und den lauwarmen Kuchen mit zerlassener Butter bepinseln. Erkaltet dick mit Staubzucker bestreuen.

Backzeit: 25-30 Minuten
Hitze: 200° C

Kartoffelkuchen

500 g gekochte Kartoffeln,
500 g Hefeteig,
50 g Butter,
3-4 gehäufte EL Zucker,
2 TL Zimt.

Die warmen, durchgepressten Kartoffeln unter den Hefeteig kneten, ausrollen und backen. Mit zerlassener Butter bepinseln und mit Zimtzucker bestreuen. Gleich warm verzehren.

Backzeit: 20-25 Minuten
Hitze: 200-225° C

Freitag war immer Backtag mit vielen Kuchen für die Beschäftigten auf den Bauernhöfen; als erstes gab es den Kartoffelkuchen, noch bevor die anderen Kuchen angeschnitten wurden.

Thüringer Käsekuchen

Hefeteig
Käsebelag:
500 g Magerquark,
1 gestrichener TL Salz,
1 TL Kümmel.
Quarkmasse:
1 kg Magerquark,
1 Becher Schmand, 3 Eier,
175 g Zucker,
125 g Margarine, 1 Päckchen Vanillezucker,
1 EL Zitronensaft,
2 TL geriebene Zitronenschale,
1 Päckchen Vanillesoßenpulver, 100 g Korinthen,
100 g Zucker, 250 g Butter,
2-3 EL Staubzucker.

500 g Magerquark auf einem Sieb über Nacht abtropfen lassen, dabei bleiben ca. 350-400 g übrig. Diese mit Salz und Kümmel vermischen. Mit einem Esslöffel ca. 12 kleine Käse abstechen, auf ein Brett legen und zwei Tage trocknen lassen.

Einen Hefeteig ausrollen. Quark, Schmand, Eier, Zucker, zerlassene Margarine, Gewürze und Soßenpulver zu einer Quarkmasse gut verrühren und diese auf den Hefeteig streichen. Die trockenen, aber nicht harten Käse in eine Schüssel reiben, mit Zucker und Korinthen vermischen, über die aufgestrichene Quarkmasse streuen. 1/3 der zerlassenen Butter darüber träufeln. Backen. Das zweite Drittel der Butter gleich nach dem Backen, das letzte nach dem Erkalten auf den Kuchen träufeln. Zum Schluss mit Staubzucker besieben.

Backzeit: 30-35 Minuten
Hitze: 200-220° C

Ein bissfester, würziger, sehr zu empfehlender Kuchen. In der Gegend um Weida-Gera ist er der wichtigste aller Kuchen.

Stachelbeerkuchen mit Eierschecke

Hefeteig

Belag:

1 l Milch, 6 EL Zucker,
2 Päckchen Mandel- oder Vanillepuddingpulver,
0,75-1 kg Stachelbeeren (frische oder aus dem Glas),
125 g Margarine,
3 EL Staubzucker,
4 Eigelb, 4 Eiweiß.

Aus Milch, Puddingpulver und Zucker einen Pudding kochen und teilen. Die Hälfte auf den ausgerollten Teig streichen und die Stachelbeeren darüber streu-

250

en. Margarine, Staubzucker und Eigelbe verrühren, die andere Hälfte erkalteten Pudding unterrühren und die steif geschlagenen Eiweiß unterziehen. Auf die Stachelbeerenschicht streichen und backen.

Backzeit: 30-35 Minuten
Hitze: 180-200 ° C

Dieser Kuchen muss frisch verzehrt werden, denn Eierschecken sind "kurzlebig".

Mandel-Krokant-Kuchen

Hefeteig
Belag:
275 g Butter, 350 g Zucker,
275 g gehackte Mandeln,
4 EL Milch, 1-2 Eier.

Die Butter zerlassen, den Zucker zugeben, unter Rühren erhitzen. Die feingehackten Mandeln zufügen und so lange auf dem Herd lassen, bis der Zucker hellbraun, also karamellisiert ist. Topf vom Feuer nehmen, Milch zufügen, rühren. Unter die etwas abgekühlte Masse ein großes oder zwei kleine Eier rühren. Diese Masse auf den ausgerollten Hefeteig streichen und mit wenig Oberhitze 20 Minuten backen. Der Kuchen hat eine schön glänzende Oberfläche, braucht keinerlei Guss und sollte auch nicht mit Staubzucker bestiebt werden.

Backzeit: 20 Minuten
Hitze: 180 ° C

Ein edler Kuchen, kross und saftig, der sich lange hält. Besonders wohlschmeckend seine Karamell-Note.

Zupfkuchen

<u>Teig:</u>
300 g Mehl, 40 g Kakao,
175 g Zucker, 1/2 Backpulver,
200 g Margarine, 2 Eigelb.
<u>Belag:</u>
200 ml Milch,
1/2 Puddingpulver,
100 g Schmand, 3 Eier,
125 g Zucker, 100 g Butter,
500 g Quark,
2 EL Zitronensaft.

Aus Mehl, Kakao, Zucker, Backpulver, zerlassener Margarine und Eigelb einen Streuselteig kneten und die Hälfte davon in eine Springform zupfen, so dass der Boden bedeckt ist. Aus Milch und Puddingpulver einen Pudding kochen, Schmand unterrühren. Eier, Zucker und weiche Butter kurz verschlagen, Quark, Zitronensaft und den abgekühlten Pudding unterschlagen. Masse auf die Streusel geben und den Rest Streuselteig auf den Quark zupfen.

Backzeit: 45-60 Minuten
Hitze: 180-200° C

Butterblümchen

Teig:
75 g Butter, 75 g Staubzucker,
1 Eigelb, 3 EL Rum, 125 g Mehl.
Füllung:
1 EL rote Marmelade.
Zum Verfeinern:
Staubzucker.

Butter, Staubzucker und Eigelb gut verrühren, den Rum zufügen und allmählich 2/3 des Mehls unterrühren. Dann den Rest des Mehls unterkneten. Den Teig etwa 1 Stunde kalt stellen. Dann nicht zu dünn (3 mm) ausrollen und kleine Blüten ausstechen, etwa 3 cm im Durchmesser.

Marmelade in einen Spritzbeutel geben und mit kleinster Lochtülle einen Tupfen rote Marmelade in die Mitte jeder Blüte spritzen. Backen. Danach mit Puderzucker bestäuben.

Backzeit: 10-15 Minuten
Hitze: 180° C

Butterplätzchen

(50 Stück)

250 g Mehl, 100 g Zucker,
2 Päckchen Vanillezucker,
175 g Butter,
1 Ei, 1 Eigelb,
2 EL gehackte Mandeln.

Mehl, Zucker, Vanillezucker, Ei und Butter untereinanderhacken und zu einem glatten Teig verkneten. Einige Zeit kühl stellen, dann nicht zu dünn ausrollen und Plätzchen ausstechen. Mit Eigelb bepinseln und mit gehackten Mandeln bestreuen. Backen.

Backzeit: 10-15 Minuten
Hitze: 175 ° C

Mürbchen oder Rahmkekse

(40-50 Stück)

250 g Mehl, 1 TL Backpulver,
200 g Margarine oder Butter,

3 EL Schlagsahne,
1 Päckchen Vanillezucker,
2 EL Hagelzucker, 1 Eigelb.

Mit Backpulver vermischtes Mehl, die Margarineflöckchen, Sahne und Vanillezucker zu einem glatten Teig verkneten und über Nacht kühl stellen. Nicht zu dünn ausrollen, Plätzchen ausstechen, mit Eigelb bepinseln und mit Hagelzucker bestreuen.

Backzeit: 8-10 Minuten
Hitze: 200 ° C

Dieses knusprige Blättergebäck in der Dose aufbewahren.

Rezeptverzeichnis

Aus dem lieferbaren
Mini-Angebot

Kochbüchlein

Alles gewickelt & gerollt • Alles vom Ei
Apfelbüchlein • Aronia • Beerenbüchlein
Berlin & Mark Brandenburg kulinarisch
Bierbüchlein • Braten-Rezepte
Champignon & Co. • Drinks
Essen von der Wiese • Gemüseraritäten
Grillbüchlein
Heißer Bischof – kalter Hund
Holunder-Rezepte • Honig – gesunder Genuss
Jüdische Feste, Geschichte(n) & Gerichte
Käsebüchlein • Kleines Kartoffelbuch
Kürbis-Büchlein • Marmelade & Gelee
Mecklenburg-Vorpommern kulinarisch
Multitalent Zwiebel
Neues Nudelbüchlein • Obstexoten
Pommern kulinarisch
Sachsen kulinarisch
Sachsen-Anhalt kulinarisch
Sanddorn-Rezepte • Saucen-Rezepte
Schokoladenbüchlein • Senfbüchlein
Sektbüchlein • Spargel-Rezepte
Süße Verführung: Komet-Geschichte(n)
Thüringen kulinarisch • Tomatenbüchlein
Wild-Rezepte